¡Buhíta y el robot dinosaurio!

Basado en el capítulo titulado
Buhíta y el terrible problema con el pterodáctilo

Título original: *Pj Masks and the Dinosaur*

Primera edición: octubre de 2017

Este libro está basado en la serie de TV PJ MASKS

Adaptado por Cala Spinner a partir de la serie de TV PJ Masks

Publicado en lengua española por:
Penguin Random House Grupo Editorial, S. A. U.
Travessera de Gràcia, 47—49. 08021 Barcelona

Realización editorial: Adosaguas Contenidos Multiplataforma

ISBN: 978-84-488-4875-0
Depósito legal: B-14498-2017
Impreso en Impuls 45, Granollers (Barcelona)

BE 48750

entertainment One

FROG BOX

Penguin Random House Grupo Editorial

Connor, Greg y Amaya van a visitar el museo.

—¡Vamos! —dice Greg—. ¡En el museo hay una nueva exposición de dinosaurios con un gran pterodáctilo volador!

—¡Vaya! —exclaman Connor y Amaya.

Los tres amigos entran corriendo.

—¡Amaya! —grita Greg—. ¡Date prisa!

—¿Dónde está Connor? —pregunta Amaya.

En ese momento ve a un tiranosaurio rex que se tambalea hacia ella.

—¡Grrrrrrrrr! —gruñe el dinosaurio.

—¡Aaaaarrrgh! —Amaya grita asustada y tropieza con el esqueleto de otro tiranosaurio rex.

El cráneo del tiranosaurio cae sobre Amaya. Connor sale de detrás del póster del dinosaurio disimulando.

—Ups... —murmura intentando no reírse.

—¡Connor! ¡No ha sido nada divertido! —dice Amaya.

—Un poco sí —afirma Connor.

—¡Chicos! —exclama Greg—. ¡Venid rápido!

—¿Qué pasa? —pregunta Amaya.

—El pterodáctilo estaba ahí —dice Greg—. ¡Pero alguien se lo ha llevado!

—¡Lo recuperaremos! —dice Connor.

—PJ Masks ¡con energía! ¡Hacia la noche para arreglar el día! —dicen los tres a la vez.

¡Greg se transforma en Gekko!

¡Amaya se transforma en Buhíta!

¡Connor se transforma en Gatuno!

En la oscuridad, los héroes van en busca del pterodáctilo desaparecido.

—Buhíta, utiliza tus ojos de búho —propone Gatuno.

—Lo haré cuando me pidas perdón —dice Buhíta.

—¿Por asustarte antes? —pregunta Gatuno—. Vale, lo siento.

—¿Eso es todo? —pregunta Buhíta—. No parece que lo sientas mucho, la verdad.

—¡Chicos! —dice Gekko observando algo en el cielo.

¡Un pterodáctilo robotizado desciende hacia ellos con un graznido estremecedor!

—¡Ja, ja, ja! —se ríe Romeo—. ¿Os he asustado con mi robot pterodáctilo? ¡Soy el mejor! ¿Quién más podría robar un dinosaurio gigante y hacerlo volar?

—No deberías tenerlo en tu poder, Romeo —dice Gekko.

—¡Te detendremos! —exclama Gatuno.

De pronto, un gato salta desde un árbol y sorprende a Romeo, que pierde el control de su robot.

—Rápido, ¡antes de que Romeo recupere el control del pterodáctilo! —dice Gatuno—. Vamos a atraparlo por sorpresa.

—Primero pídeme perdón por asustarme en el museo —dice Buhíta.

—Ya te dije que lo sentía —responde Gatuno suspirando.

—Bien, voy a atrapar a Romeo ¡sola! —dice Buhíta y se aleja.

Romeo recupera el control de su robot. Gatuno y Buhíta se ponen en marcha a la vez, ¡y chocan en el aire!

—¡Vaya! —dicen los dos al aterrizar.

—¡Buhíta! ¿Por qué has hecho eso? —pregunta Gatuno.

—¡Has dejado escapar a Romeo! —exclama ella.

—¡Qué sorpresa! —dice Romeo—. Los famosos PJ Masks peleando como gatos y... búhos. ¡Ja, ja, ja!

Los héroes lo intentan de nuevo.

—¡Supersalto felino! —dice Gatuno agarrándose a la cola del robot.

Buhíta se lanza hacia Romeo.

—¡Oh! —dice Romeo al perder el mando a distancia.

Gekko lo coge a tiempo.

—¡Superventosa de lagarto! ¡Demos un paseo estilo Gekko! —dice mientras maneja el robot—. ¡Vaya, es complicado!

—¡Dejadme bajar! —grita Romeo desde el enorme robot.
—Preparados para el aterrizaje —dice Gekko haciendo girar al robot.
Romeo cae en su laboratorio.

Gatuno se sujeta mientras Gekko aterriza el robot.

—¡Buen trabajo, PJ Masks! —dice Gatuno.

—Solo porque vencimos a Romeo —dice Buhíta—, pero no me parece bien que me asustes.

Buhíta se aleja triste.

—¡Espera, Buhíta! ¡Por favor! —dice Gatuno cogiendo el mando a distancia de las manos de Gekko.

—¡Gatuno! —grita Gekko—. ¡No es nada fácil manejar esa cosa!

—No me importa. ¡Tengo que alcanzar a Buhíta y hacer las paces! —dice Gatuno—. Por mis bigotes de gato... ¡Ahhh!

El robot se pone boca abajo y a Gatuno se le cae el mando a distancia.

¡El mando cae justo en las manos de Romeo!

—Ahora traeré a mi pterodáctilo de vuelta ¡y también atraparé a Gatuno!

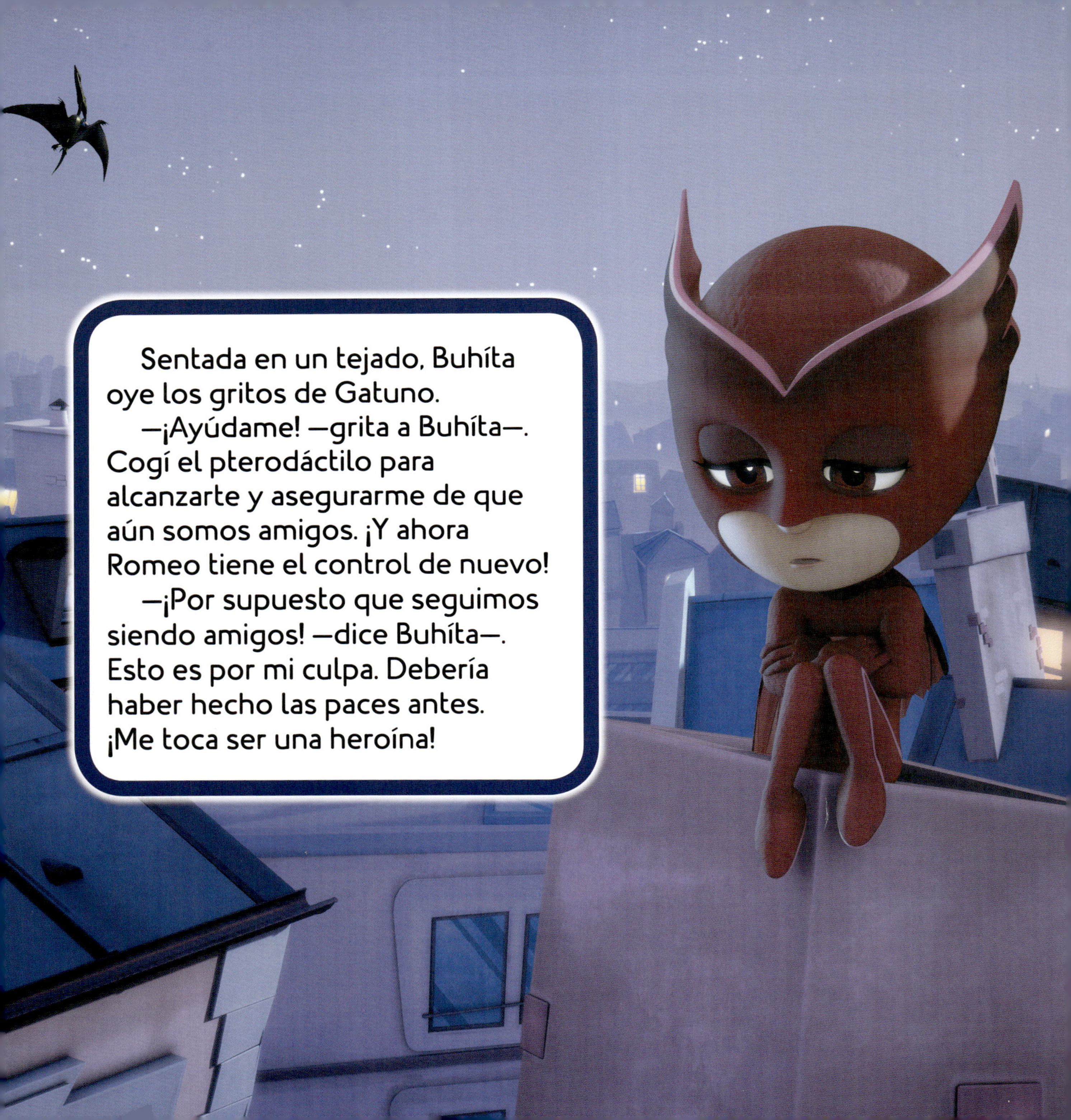

Sentada en un tejado, Buhíta oye los gritos de Gatuno.

—¡Ayúdame! —grita a Buhíta—. Cogí el pterodáctilo para alcanzarte y asegurarme de que aún somos amigos. ¡Y ahora Romeo tiene el control de nuevo!

—¡Por supuesto que seguimos siendo amigos! —dice Buhíta—. Esto es por mi culpa. Debería haber hecho las paces antes. ¡Me toca ser una heroína!

La heroína se lanza al rescate.
—¡Ni hablar, Romeo! —exclama Buhíta—. Nadie se mete con mi amigo.
—¡Agárrame! —le dice a Gatuno.
Gatuno se aferra a Buhíta mientras ella lo levanta del pterodáctilo.
—¡Golpéalo! —dice, y Gatuno da una fuerte patada al robot.

—*¡Aaah!* —grita Romeo cuando ve que el pterodáctilo vuela directamente hacia él.

Romeo se lanza desde el tejado al interior de su laboratorio, ¡y cae sobre un montón de basura!

—¡Romeo, creo que se te ha caído algo! —exclama Gekko mientras recoge del suelo el mando a distancia.

—¿Qué? —pregunta Romeo.

Gekko acciona el mando para que el robot lo persiga.

—¡No, no, no! ¡Aléjate! —grita Romeo mientras se aleja corriendo.

—¡Creo que tardaremos en volver a ver a Romeo! —dice Buhíta—. ¡Buen trabajo, equipo!

—Gracias, Buhíta —dice Gatuno.

Esta noche los héroes aprendieron una lección importante. Aunque sea difícil reconciliarse, ¡es lo que hacen los amigos!

¡PJ Masks, gritad viva!
¡Porque por la noche, arreglamos el día!